L'actualité vous inquiète ? Le stress vous mine ? Le monde vous consterne ?

Optez pour une méthode naturelle : la positive attitude. S'ouvrir aux autres, être confiant dans l'avenir du monde, prendre l'initiative et remplir sa vie d'espoir, c'est cela, la positive attitude. Grâce aux pensées et préceptes des plus grands sages de la planète, vous découvrirez que le bonheur, la sérénité, l'indulgence, c'est d'abord un choix. Alors, apprenez à aimer ce monde et l'univers entier vous aimera…

Le bonheur, c'est vous qui décidez !

urent Loiseau

Les Almaniaks
JOUR PAR JOUR
Perles
2009
de l'Education
Nationale
365 jours d'humour
et de tendresse

Ce n'est pas parce que les choses sont difficiles que nous n'osons pas les faire, c'est parce que nous n'osons pas les faire qu'elles sont difficiles.

Sénèque (4 av. J.-C. – 65)
Philosophe de l'école stoïcienne et homme d'État romain

Jour de l'An

Jeudi

1

Janvier

Semaine 1

J'AIMERAIS TERMINER SUR UN MESSAGE D'ESPOIR. JE N'EN AI PAS. EN ÉCHANGE, EST-CE QUE DEUX MESSAGES DE DÉSESPOIR VOUS IRAIENT ?

Woody Allen (né en 1935)
Comédien, réalisateur et clarinettiste américain

St Sylvestre

Jeudi

31

Décembre

Semaine 53

Si tu chantes la beauté,
même dans la solitude du désert,
tu trouveras une oreille attentive.

Kahlil Gibran (1883 – 1931)
Poète et écrivain américain d'origine libanaise

St Basile

Vendredi

2

Janvier

Semaine 1

Et si vous pouviez garder votre cœur
en émerveillement devant les miracles
quotidiens de votre vie, votre douleur
ne vous semblerait pas moins
merveilleuse que votre joie.

Kahlil Gibran (1883 – 1931)
Poète et écrivain américain d'origine libanaise

St Roger

Mercredi

30

Décembre

Semaine 53

Pour vaincre
ses ennemis,
que faut-il ?
De l'audace,
encore
de l'audace
et toujours
de l'audace !

Georges Jacques Danton (1759 – 1794)
Homme politique et révolutionnaire

Ste Geneviève
Épiphanie

Samedi
3
Dimanche
4
Janvier

Semaine 1

SOYONS LE CHANGEMENT QUE NOUS SOUHAITONS VOIR DANS LE MONDE.

Mohandas Karamchand Gandhi (1869 – 1948)
Dirigeant politique indien

St David

Mardi

29

Décembre

Semaine 53

Mieux vaut y mettre tout
son cœur et ne pas trouver
les mots pour le dire, que trouver
les mots pour le dire et ne pas
y mettre tout son cœur.

Mohandas Karamchand Gandhi (1869 – 1948)
Dirigeant politique indien

St Edouard

Lundi

5

Janvier

Semaine 2

Du chaos naît une étoile.

Charlie Chaplin (1889 – 1977)
Acteur, réalisateur et producteur britannique

Sts Innocents

Lundi

28

Décembre

Semaine 53

Celui qui déplace
la montagne, c'est celui qui
commence par enlever
les petites pierres.

Sagesse confucéenne

St Mélaine

Mardi

6

Janvier

Semaine 2

Je ne redoute
pas la mort :
elle est comme
une naissance
à l'envers.

Jean Cocteau (1889 – 1963)
Poète, dessinateur et cinéaste

St Etienne
St Jean
l'Apôtre

Samedi
26
Dimanche
27
Décembre

Semaine 52

Un pessimiste voit la difficulté dans chaque opportunité, un optimiste voit l'opportunité dans chaque difficulté.

Sir Winston Churchill (1874 – 1965)
Homme d'État britannique

St Raymond

Mercredi

7

Janvier

Semaine 2

Tout ce qui est vivant est mortel ; plus largement, tout ce qui existe connaîtra une fin ; les étoiles elles-mêmes ont une durée de vie limitée. Tout objet définissable connaît nécessairement une fin, car exister c'est devenir, changer, jouer avec la durée. (...)

Albert Jacquard (né en 1925)
Scientifique et essayiste

Noël

Vendredi

25

Décembre

Semaine 52

Le seul,
le vrai,
l'unique voyage,
c'est de changer
de regard.

Marcel Proust (1871 – 1922)
Écrivain français

St Lucien

Jeudi
8
Janvier

Semaine 2

C'est la nuit qu'il est beau de croire à la lumière.

Edmond Rostand (1868 – 1918)
Auteur dramatique français

Ste Adèle

Jeudi

24

Décembre

Semaine 52

Il faut savoir résister au pessimisme des autres.

Guy Bedos (né en 1934)
Humoriste

Ste Alix

Vendredi

9

Janvier

Semaine 2

Soyez bons avec la terre : elle ne vous a pas été donnée par vos parents, elle vous est prêtée par vos enfants. Nous n'héritons pas la terre de nos parents, nous l'empruntons à nos enfants.

Proverbe amérindien

St Armand

Mercredi

23

Décembre

Semaine 52

IL N'Y A QU'UNE RÈGLE
POUR GAGNER LE PARADIS :
AIMER TANT QU'ON EN A LA FORCE,
C'EST TOUT.

Henri Grouès, dit l'Abbé Pierre (1912 – 2007)
Prêtre catholique, fondateur
du mouvement Emmaüs

St Guillaume
St Paulin

Samedi
10
Dimanche
11
Janvier

Semaine 2

Sur les flots, sur les grands chemins,
nous poursuivons le bonheur.
Mais il est ici, le bonheur.

**Quintus Horatius Flaccus,
dit Horace (65 – 8 av. J.-C.)
Poète**

Ste Françoise-Xavière

Mardi

22

Décembre

Semaine 52

PATIENCE,
PATIENCE,
PATIENCE DANS
L'AZUR !
CHAQUE ATOME
DE SILENCE
EST UN FRUIT MÛR.

Paul Valéry (1871 – 1945)
Poète et philosophe

Ste Tatiana

Lundi

12

Janvier

Semaine 3

Il faut se pardonner beaucoup
à soi-même pour s'habituer
à pardonner beaucoup à autrui !

Anatole France (1844 – 1924)
Écrivain

St Pierre
Canisius
Hiver

Lundi

21

Décembre

Semaine 52

Heureux celui qui oublie ce qu'on ne peut plus changer.

Proverbe allemand

Ste Yvette

Mardi

13

Janvier

Semaine 3

IL N'EST PAS NÉCESSAIRE DE FAIRE DES CHOSES MERVEILLEUSES MAIS DE FAIRE MERVEILLEUSEMENT BIEN TOUTES LES PETITES CHOSES.

Sainte Thérèse de Lisieux (1873 – 1897)
Sœur carmélite

St Urbain
Sts Théophile, Abraham

Samedi
19
Dimanche
20
Décembre

Semaine 51

On m'a montré le paradis et j'ai vu que la majorité de ses habitants étaient des femmes.

Mahomet (570 – 632)
Prophète de l'islam

Ste Nina

Mercredi

14

Janvier

Semaine 3

Se donner du mal pour les petites choses, c'est parvenir aux grandes avec le temps.

Samuel Beckett (1906 – 1989)
Écrivain, poète irlandais francophone

St Gatien
Nouvel An musulman

Vendredi

18

Décembre

Semaine 51

L'action met les ardeurs en œuvre. Mais c'est la parole qui les suscite.

Charles de Gaulle
Chef de la France libre, président de la Ve République
(1890 – 1970)

St Rémi

Jeudi

15

Janvier

Semaine 3

J'éprouvais le bonheur d'exister. La joie simple
d'être au milieu d'un monde si beau.
N'être pas grand-chose et beaucoup à la fois :
une fenêtre ouverte sur l'univers qui me
dépasse, le cadre dans lequel l'espace devient
un tableau, une goutte dans l'océan,
une goutte lucide qui se rend compte qu'elle
existe et que, par elle, l'océan existe.
Minuscule et grande. Intense et misérable.

Eric-Emmanuel Schmitt
(né en 1960)
Écrivain et dramaturge

St Gaël

Jeudi
17
Décembre

Semaine 51

La vie, ça se fabrique avec les moyens du bord.

Hervé Bazin (1911 – 1996)
Écrivain

St Marcel

Vendredi

16

Janvier

Semaine 3

DIEU N'A FAIT QU'ÉBAUCHER L'HOMME ; C'EST SUR LA TERRE QUE CHACUN SE CRÉE.

Proverbe africain

Ste Alice

Mercredi

16

Décembre

Semaine 51

AH ! QU'IL EST DOUX
DE NE RIEN FAIRE
QUAND TOUT S'AGITE AUTOUR DE VOUS !

Victor Massé (1822 – 1884)
Compositeur d'opéra

Ste Roseline
Ste Prisca

Samedi
17
Dimanche
18
Janvier

Semaine 3

La grande tâche de gouverner une vie
fructueuse commence avec les choses
les plus ordinaires, les menus travaux,
en apparence futiles, de la vie quotidienne,
car le tout est pareil à la partie, et celui qui
est maître de l'instant présent, sans se soucier
de l'avenir, est maître de sa journée,
et finalement, de sa vie entière. (...)
Toute notre vie est faite de petits riens.

Karl Otto Schmidt (1904 – 1977)
Érudit et écrivain spiritualiste allemand

Ste Ninon

Mardi

15

Décembre

Semaine 51

N'ESSAYEZ PAS DE DEVENIR UN HOMME QUI A DU SUCCÈS. ESSAYEZ DE DEVENIR UN HOMME QUI A DE LA VALEUR.

Albert Einstein (1879 – 1955)
Physicien allemand,
prix Nobel de physique en 1921

St Marius

Lundi

19

Janvier

Semaine 4

L'homme le plus heureux est celui qui fait le bonheur d'un plus grand nombre d'autres.

Denis Diderot (1713 – 1784)
Philosophe

Ste Odile

Lundi

14

Décembre

Semaine 51

Celui qui t'enseigne vaut mieux que celui qui te donne.

Proverbe kabyle

St Sébastien

Mardi

20

Janvier

Semaine 4

L'argent ne fait pas le bonheur. C'est à se demander pourquoi les riches y tiennent tant.

Georges Feydeau (1862 – 1921)
Auteur dramatique français

Ste Jeanne-Françoise de Chantal

Ste Lucie

Samedi

12

Dimanche

13

Décembre

Semaine 50

NE RESTE PAS DANS LE PASSÉ. N'IMAGINE AUCUN FUTUR, CONCENTRE TON ESPRIT SUR LE MOMENT PRÉSENT.

Bouddha (v. 535 – v. 480 av. J.-C.)
Fondateur du bouddhisme

Ste Agnès

Mercredi

21

Janvier

Semaine 4

Si quelqu'un
t'a fait du mal,
ne cherche pas
à te venger.
Va t'asseoir au
bord de la rivière
et bientôt
tu verras passer
son cadavre.

Proverbe chinois

St Daniel

Vendredi

11

Décembre

Semaine 50

J'ai décidé d'être heureux parce que c'est bon pour la santé.

François-Marie Arouet, dit Voltaire (1694 – 1778)
Philosophe et polémiste

St Vincent

Jeudi

22

Janvier

Semaine 4

Quelle flamme pourrait égaler le rayon de soleil d'un jour d'hiver ?

Henry David Thoreau (1817 – 1862)
Essayiste, philosophe, mémorialiste et poète américain

St Romaric

Jeudi

10

Décembre

Semaine 50

IL N'Y A PERSONNE QUI NE SOIT
NÉ SOUS UNE MAUVAISE ÉTOILE,
IL N'Y A QUE DES GENS QUI
NE SAVENT PAS LIRE LE CIEL.

Dalaï-Lama

St Barnard

Vendredi

23

Janvier

Semaine 4

N'accueille pas le sommeil sur tes yeux
relâchés avant d'avoir pesé
chacune de tes actions du jour : en quoi
me suis-je égaré ? Qu'ai-je fait ?
Quel devoir ai-je omis d'accomplir ?
Blâme le mal que tu as fait
et réjouis-toi du bien.

Épictète (50 – 130)
Philosophe grec, fondateur du stoïcisme

St Pierre Fourier

Mercredi

9

Décembre

Semaine 50

Imaginer, c'est hausser le réel d'un ton.

Gaston Bachelard (1884 – 1962)
Épistémologue et philosophe des sciences

St François de Sales

Conversion de St Paul

Samedi

24

Dimanche

25

Janvier

Semaine 4

La devise du sage : rien faire et laisser dire !

Pierre Perret
(né en 1934)
Poète et écrivain

St Hildeman

Mardi

8

Décembre

Semaine 50

Le succès est toujours un enfant de l'audace.

Prosper Jolyot de Crébillon,
dit Crébillon Père (1674 – 1762)
Auteur dramatique français

Ste Paule
Nouvel An chinois (année du boeuf)

Lundi

26

Janvier

Semaine 5

Craindre les sens, c'est devenir philosophe.

Francis Picabia (1879 – 1953)
Peintre et écrivain

St Ambroise

Lundi

7

Décembre

Semaine 50

Les êtres sont comme des fleurs.
Chacun a sa beauté propre,
chacun s'ouvre et s'épanouit
à sa manière et à son rythme.

Précepte zen

Ste Angèle

Mardi

27

Janvier

Semaine 5

Il y a plus de joie dans le ciel
pour un seul pécheur qui s'amende
que pour 99 justes qui n'ont
pas besoin de repentir.

Évangile selon saint Luc

St Gérald
St Nicolas

Samedi
5
Dimanche
6
Décembre

Semaine 49

S'aimer soi-même est
le début d'une longue romance.

Oscar Wilde (1854 – 1900)
Écrivain irlandais

St Thomas
d'Aquin

Mercredi

28

Janvier

Semaine 5

LA VIE EST MERVEILLEUSE.
LA MORT APPORTE LA PAIX.
RESTE À GÉRER LA TRANSITION.

Isaac Asimov (1920 – 1992)
Écrivain américain d'origine russe

Ste Barbara

Vendredi

4

Décembre

Semaine 49

Un changement, même minime,
dans la manière de percevoir et d'interpréter
le monde transforme considérablement la
qualité de chaque instant de notre existence.
Maladroitement, nous recherchons
le bonheur en dehors de nous-même, alors
qu'il est essentiellement un état intérieur.

Matthieu Ricard (né en 1946)
Auteur et photographe

St Gildas
Nouvel An
musulman

Jeudi
29
Janvier

Semaine 5

LA FORMULE SACRÉE DU POSITIVISME :
L'AMOUR POUR PRINCIPE,
L'ORDRE POUR BASE,
ET LE PROGRÈS POUR BUT.

Auguste Comte (1798 – 1857)
Philosophe français

St François-Xavier

Jeudi

3

Décembre

Semaine 49

LA PENSÉE PRÉCÈDE L'ACTION. ALORS FAITES EN SORTE QUE VOS PENSÉES SOIENT POSITIVES.

Hervé Desbois (né en 1954)
Acteur et auteur américain

Ste Martine

Vendredi

30

Janvier

Semaine 5

Le sommeil est la moitié de la santé.

Proverbe breton

Ste Viviane

Mercredi

2

Décembre

Semaine 49

L'avantage d'être intelligent, c'est qu'on peut toujours faire l'imbécile, alors que l'inverse est totalement impossible.

Woody Allen
(né en 1935)
Comédien, réalisateur
et clarinettiste américain

Ste Marcelle
Ste Ella

Samedi
31
Dimanche
1
Janvier / Février

Semaine 5

QUI TRIOMPHE DE SON CARACTÈRE ACQUIERT LA FORCE.

Lao Tseu (v. 570 – 490 av. J.-C.)
Philosophe chinois, fondateur du taoïsme

Ste Florence

Mardi

1

Décembre

Semaine 49

Peu importe si le début paraît petit.

Henry David Thoreau (1817 – 1862)
Essayiste, philosophe, mémorialiste et poète américain

St Théophane
Chandeleur

Lundi

2

Février

Semaine 6

Il y a bien des choses qui ne paraissent impossibles que tant qu'on ne les a pas tentées.

André Gide (1869 – 1951)
Écrivain

St André

Lundi

30

Novembre

Semaine 49

LÂCHE PRISE ET NE SONGE À RIEN.
ADOPTE LE SILENCE COMME MAÎTRE.
DÉCOUVRE LE CALME ET LA CLARTÉ.

Sagesse orientale

St Blaise

Mardi

3

Février

Semaine 6

L'âme supérieure n'est pas celle qui pardonne : c'est celle qui n'a pas besoin de pardon.

René de Chateaubriand
Poète (1768 – 1848)

St Jacques de la Marche

St Saturnin

Samedi

28

Dimanche

29

Novembre

Semaine 48

Vous pourrez arriver à vivre d'une façon infiniment plus sage lorsque vous apprendrez à vous connaître et à vous perfectionner vous-même, mais vous n'êtes pas encore conscient de votre propre puissance.

Platon
(427 – 348 av. J.-C.)
Philosophe athénien

Ste Véronique

Mercredi

4

Février

Semaine 6

C'est l'amitié qui ouvre la porte au destin.

Erik Orsenna (né en 1947)
Romancier et académicien

St Séverin

Vendredi

27

Novembre

Semaine 48

En essayant continuellement,
on finit par réussir.
Donc plus ça rate, plus on
a de chances que ça marche.

Les Shadoks (Jacques Rouxel)

Ste Agathe

Jeudi
5
Février

Semaine 6

PARTOUT DANS LE MONDE OÙ IL Y A DES CHOSES DÉLICIEUSES ET PLAISANTES, LE DÉSIR PEUT S'ÉTEINDRE ET L'ÉVEIL PEUT SURGIR. QU'EST-CE QUE LA VÉRITÉ SI CE N'EST LA CESSATION DE LA SOIF ?

Siddhartha Gautama, dit le Bouddha
(v. 624 – v. 544)

Ste Delphine
Thanksgiving (USA)

Jeudi
26
Novembre

Semaine 48

Il y a un avantage à tomber
en panne sèche, c'est que
c'est moins lourd à pousser
que si le réservoir
était plein.

Philippe Geluck
(né en 1954)
Artiste et humoriste belge

St Gaston

Vendredi

6

Février

Semaine 6

Le plus beau serait de penser dans une forme qu'on aurait inventée.

Paul Valéry (1871 – 1945)
Poète et philosophe

Ste Catherine d'Alexandrie

Mercredi

25

Novembre

Semaine 48

La vie a beaucoup plus d'imagination que nous.

François Truffaut
(1932 – 1984)
Réalisateur

Ste Eugénie
Ste Jacqueline

Samedi
7
Dimanche
8
Février

Semaine 6

On n'est jamais puni pour avoir fait mourir de rire.

Proverbe russe

Ste Flora

Mardi

24

Novembre

Semaine 48

Quand tu marches,
le pagne dure ;
quand tu es assis,
le pagne s'use.

Proverbe africain

Ste Appoline

Lundi

9

Février

Semaine 7

Pour bien vivre,
songe que chaque jour
qui passe est à lui seul
une vie.

Sénèque (4 av. J.-C. – 65)
Philosophe de l'école stoïcienne
et homme d'État romain

St Clément

Lundi

23

Novembre

Semaine 48

La bonté ne mène jamais à la bêtise.

Jules Renard (1864 – 1910)
Écrivain et académicien

St Arnaud

Mardi

10

Février

Semaine 7

Je suis belle, ô mortels !
Comme un rêve de pierre,
Et mon sein, où chacun s'est
meurtri tour à tour,
Est fait pour inspirer au poète un amour
Éternel et muet ainsi que la matière.

Charles Baudelaire (1821 – 1867)
Poète et essayiste

St Rufus
Ste Cécile

Samedi
21
Dimanche
22
Novembre

Semaine 47

Accepter avec gratitude tous les dons que l'on reçoit. Il peut s'agir de ceux de la Nature (la lumière du soleil, le chant des oiseaux, une pluie d'automne) mais aussi des présents que d'autres personnes nous offrent, que ceux-ci aient une forme matérielle comme l'argent ou spirituelle, comme un compliment ou une prière.

Précepte tantrique

Ste Notre-Dame de Lourdes

Mercredi

11

Février

Semaine 7

Voir un monde dans un grain de sable
Un ciel dans une fleur sauvage
Tenir l'Infini dans la paume de la main
Et l'Éternité dans une heure

William Blake (1757 – 1827)
Peintre et poète romantique britannique

St Félix

Jeudi
12
Février

Semaine 7

La première chose créée par Dieu a été l'intellect. Dieu n'a pas distribué à ses serviteurs une chose plus estimable que l'intelligence.

Prophète Mahomet (570 – 632)

St Edmond

Vendredi

20

Novembre

Semaine 47

Il faut avoir l'ambition
de faire le tour de la Terre
si l'on veut simplement faire
le tour de son canton.

François Mitterrand
(1916 – 1996)
Homme d'État,
président de la Ve République française

Ste Béatrice

Vendredi

13

Février

Semaine 7

Soyez à vous-même votre propre refuge.
Soyez à vous-même votre propre lumière.

Bouddha (v. 535 – v. 480 av. J.-C.)
Fondateur du bouddhisme

St Tanguy

Jeudi

19

Novembre

Semaine 47

Un optimiste, c'est celui qui sait que le monde est pourri. Un pessimiste, c'est celui qui le découvre chaque matin.

Peter Ustinov (1921 – 2004)
Comédien britannique

Fête des amoureux
St Claude

Samedi
14
Dimanche
15
Février

Semaine 7

C'est pour l'étonnement que j'existe.

Johann Wolfgang von Goethe (1749 – 1832)
Scientifique, poète, romancier
et dramaturge allemand

Ste Aude

Mercredi

18

Novembre

Semaine 47

Soigne ton corps pour donner envie à ton âme d'y demeurer.

Sagesse hindoue

Ste Julienne

Lundi

16

Février

Semaine 8

Tout est possible : même Dieu !

Ernest Renan (1823 – 1892)
Philosophe

Ste Elisabeth

Mardi

17

Novembre

Semaine 47

Exige toujours plus de toi-même
et n'attends rien des autres.
Tu t'épargneras beaucoup d'ennuis.

Confucius (551 – 479 av. J.-C.)
Personnage historique ayant le plus marqué
la civilisation chinoise, créateur du confucianisme

St Alexis

Mardi

17

Février

Semaine 8

Nous devons toujours garder à l'esprit
que nous n'allons pas devenir libres,
mais que nous le sommes déjà.
Toute idée selon laquelle nous sommes liés
est une illusion. Toute idée selon laquelle
nous sommes heureux ou malheureux
est une grande illusion.

Précepte hindouiste

Ste Marguerite

Lundi

16

Novembre

Semaine 47

Il n'y a qu'une vie,
c'est donc qu'elle est
parfaite.

Paul Éluard
(1895 – 1952)
Poète

Ste Bernadette

Mercredi

18

Février

Semaine 8

SI LA VICTOIRE PARAÎT S'ÉLOIGNER DE VOUS, CE N'EST QU'UNE ÉPREUVE, ELLE REVIENDRA.
QUE VOS RÉSOLUTIONS SOIENT LENTES MAIS FERMES.

Hugues-Félicité Robert de Lamennais
(1782 – 1854)
Écrivain et philosophe

St Sidoine
St Albert

Samedi
14
Dimanche
15
Novembre

Semaine 46

IL M'A FALLU TOUTE UNE VIE POUR COMPRENDRE QUE LE BONHEUR SE TROUVE DANS LES PETITES CHOSES ET NON DANS LES PAROXYSMES DE L'EXTASE.

Anaïs Nin (1903 – 1977)
Femme de lettres

St Gabin

Jeudi

19

Février

Semaine 8

La rencontre de deux personnes
ressemble à une réaction
chimique.
Une réaction qui transforme
les deux éléments.

Carl Gustav Jung (1875 – 1961)
Psychosociologue, inventeur
de la psychologie analytique

St Brice

Vendredi

13

Novembre

Semaine 46

Pourvu qu'on ait la santé ! On peut toujours se pendre après.

Proverbe juif

Ste Aimée

Vendredi

20

Février

Semaine 8

De tous les biens que la sagesse nous procure pour le bonheur de la vie tout entière, le plus grand, de très loin, est l'amitié.

Épicure (341 – 270 av. J.-C.)
Philosophe athénien

St Christian

Jeudi

12

Novembre

Semaine 46

CELUI QUI A COMMENCÉ À VIVRE PLUS SÉRIEUSEMENT DE L'INTÉRIEUR COMMENCE À VIVRE PLUS FACILEMENT À L'EXTÉRIEUR.

Ernest Hemingway (1899 – 1961)
Romancier et nouvelliste américain

St Pierre-Damien
Ste Isabelle

Samedi
21
Dimanche
22
Février

Semaine 8

Rêver sa vie,
c'est justement
ce que j'appelle
«être éveillé».

Friedrich Nietzsche (1844 – 1900)
Philosophe allemand

St Martin de Tours
Armistice 1918

Mercredi

11

Novembre

Semaine 46

Dans la vie, on peut se contenter
de très peu de réussites
pourvu qu'on n'accumule
pas les catastrophes.

Warren Buffett (né en 1930)
Milliardaire et mécène américain

St Lazare

Lundi

23

Février

Semaine 9

Pour qui est bon,
le monde est bon.

Proverbe hindou

St Léon

Mardi

10

Novembre

Semaine 46

Le cœur n'a pas de rides.

Marie de Rabutin-Chantal, marquise de Sévigné (1626 – 1696)
Chroniqueuse et mondaine

St Modeste
Mardi gras

Mardi

24

Février

Semaine 9

L'ascèse fortifie à la fois le corps et l'âme.

Épictète (50 – 130)
Philosophe grec, fondateur du stoïcisme

St Théodore

Lundi

9

Novembre

Semaine 46

Se réveiller, c'est se mettre à la recherche du monde.

Émile-Auguste Chartier,
dit Alain Chartier (1868 – 1951)
Philosophe, journaliste
et professeur de français

St Roméo
Cendres

Mercredi
25
Février

Semaine 9

CUEILLEZ DÈS AUJOURD'HUI
LES ROSES DE LA VIE.

Pierre de Ronsard (1524 – 1585)
Écrivain et poète

Ste Carine
St Geoffroy

Samedi
7
Dimanche
8
Novembre

Semaine 45

Une journée, une vie.

Koan zen

St Nestor

Jeudi

26

Février

Semaine 9

Rien ne justifie la guerre. Jamais.

René Barjavel (1911 – 1985)
Écrivain et journaliste

Ste Bertille

Vendredi

6

Novembre

Semaine 45

Ose devenir qui tu es. (...) Sache te redire sans cesse : « Il ne tient qu'à moi ».

André Gide (1869 – 1951)
Écrivain

Ste Honorine

Vendredi

27

Février

Semaine 9

LE BONHEUR SE DONNE À CELUI
QUI A VAINCU SA PEUR DE VIVRE
ET QUI CONSIDÈRE SA VIE COMME
UNE ÉTINCELLE SACRÉE,
DANS LA CONTINUITÉ DES ÂGES.

Précepte de vie tibétaine

Ste Sylvie

Jeudi

5

Novembre

Semaine 45

S'émerveiller de l'existence
du monde, c'est l'expérience de voir
le monde comme un miracle.

Précepte New Age

St Romain
Carême

Samedi
28
Dimanche
1
Février / Mars

Semaine 9

L'Amour est un petit mot,
mot si petit qu'il est comble,
même si l'on ne met rien dedans.

Pierre Louÿs (1870 – 1925)
Romancier

St Charles

Mercredi

4

Novembre

Semaine 45

Il faut être toujours ivre. (...)
de vin, de poésie ou de vertu,
à votre guise.
Mais enivrez-vous !

Charles Baudelaire (1821 – 1867)
Poète et essayiste

St Charles le Bon

Lundi

2

Mars

Semaine 10

Si tu as les nerfs en boule, songe à la bouilloire ; elle bout et cela ne l'empêche pas de chanter.

Proverbe belge

St Hubert

Mardi

3

Novembre

Semaine 45

L'homme est un dieu tombé qui se souvient des cieux.

Alphonse de Lamartine
(1790 – 1869)
Poète romantique

St Guénolé

Mardi

3

Mars

Semaine 10

IL EST BIEN VRAI QUE NOUS DEVONS PENSER AU BONHEUR D'AUTRUI ;
MAIS ON NE DIT PAS ASSEZ QUE CE QUE NOUS POUVONS FAIRE DE MIEUX POUR CEUX QUI NOUS AIMENT, C'EST ENCORE D'ÊTRE HEUREUX.

Émile-Auguste Chartier,
dit Alain (1868 – 1951)
Philosophe, journaliste
et professeur de français

Défunts
Fête des morts

Lundi

2

Novembre

Semaine 45

SUR LA TERRE, TOUT A UNE FONCTION,
CHAQUE MALADIE UNE HERBE
POUR LA GUÉRIR,
CHAQUE PERSONNE UNE MISSION.

Sagesse indienne

St Casimir

Mercredi

4

Mars

Semaine 10

Si Dieu n'existait pas,
il faudrait l'inventer.

François-Marie Arouet, dit Voltaire
(1694 – 1778)
Philosophe et polémiste

St Quentin
Toussaint

Samedi
31
Dimanche
1
Octobre / Novembre

Semaine 44

Cherchons à nous accommoder à cette vie ; ce n'est point à cette vie à s'accommoder à nous.

Charles-Louis de Montesquieu
(1689 – 1755)
Moraliste et philosophe

St Olive

Jeudi

5

Mars

Semaine 10

La vie est plus belle que la prudence.

Henri Grouès, dit l'Abbé Pierre
(1912 – 2007)
Prêtre catholique,
fondateur du mouvement Emmaüs

Sts Bienvenue, Dorothée

Vendredi

30

Octobre

Semaine 44

Le destin conduit celui qui accepte. Celui qui refuse, il le traîne.

Sénèque (4 av. J.-C. – 65)
Philosophe de l'école stoïcienne et homme d'État romain

Ste Colette

Vendredi

6

Mars

Semaine 10

Nul ne peut atteindre l'aube sans passer par le chemin de la nuit.

Kahlil Gibran (1883 – 1931)
Poète et écrivain américain d'origine libanaise

St Narcisse

Jeudi

29

Octobre

Semaine 44

La vie est une maladie mortelle sexuellement transmissible.

Woody Allen (né en 1935)
Comédien, réalisateur
et clarinettiste américain

Ste Félicité
St Jean de Dieu

Samedi
7
Dimanche
8
Mars

Semaine 10

Si l'on m'apprenait que la fin du monde est pour demain, je planterais quand même un pommier.

Martin Luther King (1929 – 1968)
Pasteur noir américain,
prix Nobel de la paix en 1964

Sts Simon, Jude

Mercredi

28

Octobre

Semaine 44

Elle est retrouvée,
Quoi ? L'éternité.
C'est la mer alliée avec le soleil.
C'est ma conscience d'être
et le temps entremêlés.

Arthur Rimbaud
(1854 – 1891)
Poète

Ste Françoise

Lundi

9

Mars

Semaine 11

Veille à donner autant qu'il
est nécessaire pour que celui à qui tu donnes,
même s'il est pauvre, puisse donner
à son tour.

Sagesse talmudique

Ste Emeline

Mardi

27

Octobre

Semaine 44

Notre bien et notre mal ne sont que dans notre volonté.

Épictète (50 – 130)
Philosophe grec, fondateur du stoïcisme

St Vivien

Mardi

10

Mars

Semaine 11

EURYDICE : « NOUS ALLONS ÊTRE TRÈS MALHEUREUX ! »
ORPHÉE : « QUEL BONHEUR ! »

Jean Anouilh
(1910 – 1987)
Homme de théâtre

St Dimitri

Lundi

26

Octobre

Semaine 44

L'avenir de l'homme est la femme.
Elle est la couleur de son âme.
Elle est sa rumeur et son bruit.

Louis Aragon (1897 – 1982)
Poète et romancier

Ste Rosine

Mercredi

11

Mars

Semaine 11

Mon enfant, ma sœur,
Songe à la douceur
D'aller là-bas vivre ensemble !
Là, tout n'est qu'ordre et beauté,
Luxe, calme et volupté.

Charles Baudelaire
(1821 – 1867)
Poète et essayiste

St Florentin

Passage à l'heure d'hiver (- 1h)

Samedi

24

Dimanche

25

Octobre

Semaine 43

Même la pensée d'une fourmi peut toucher le ciel.

Proverbe japonais

Ste Justine

Jeudi

12

Mars

Semaine 11

Heureux si vous voulez, malheureux s'il vous plaît…

Jean-Baptiste Poquelin, dit Molière
(1622 – 1673)
Auteur dramatique

St Rodrigue

Vendredi

13

Mars

Semaine 11

Chercher le bonheur dans cette vie,
c'est là le véritable esprit
de rébellion.

Henrik Ibsen (1828 – 1906)
Dramaturge norvégien

St Jean
de Capistran

Vendredi

23

Octobre

Semaine 43

Le bonheur d'un ami nous enchante. Il nous ajoute. Il n'ôte rien.

Jean Cocteau (1889 – 1963)
Poète, dessinateur
et cinéaste

Ste Mathilde
Ste Louise

Samedi
14
Dimanche
15
Mars

Semaine 11

Les grandes flatteries sont muettes.

Paul Valéry (1871 – 1945)
Poète et philosophe

Ste Elodie

Jeudi

22

Octobre

Semaine 43

Mars qui rit, malgré les averses, prépare en secret le printemps.

Théophile Gautier (1811 – 1872)
Poète, romancier, peintre
et critique d'art

Ste Bénédicte

Lundi

16

Mars

Semaine 12

Arracher une montagne
avec une aiguille est plus facile
que d'arracher du cœur
la vilenie de l'orgueil.

Proverbe persan

Ste Céline

Mercredi

21

Octobre

Semaine 43

Tu n'as pas d'imagination ?
Il y a plusieurs réalités !
Choisis celle qui te convient.
Évade-toi dans l'imaginaire.

Eugène Ionesco
(1909 – 1994)
Auteur dramatique
et écrivain français d'origine roumaine

St Patrice / Patrick

Mardi

17

Mars

Semaine 12

SI LE PLAISIR EXISTE, ET SI ON NE PEUT EN JOUIR QU'EN VIE, LA VIE EST DONC UN BONHEUR.

Jacques Casanova (1725 – 1798)
Aventurier italien

Ste Adeline

Mardi

20

Octobre

Semaine 43

D'un objet auquel
tu tenais,
ne dis jamais
« je l'ai perdu »
mais « je l'ai rendu ».

Philosophie stoïcienne

St Cyrille

Mercredi

18

Mars

Semaine 12

Vingt fois sur le métier remettez votre ouvrage ; polissez-le et repolissez-le sans cesse.

Nicolas Boileau (1636 – 1711)
Poète satirique

St René

Lundi

19

Octobre

Semaine 43

Le sommeil, c'est la préparation
de l'heureuse étincelle des idées.
Dormez et vous trouverez !

Paul Valéry (1871 – 1945)
Poète et philosophe

St Joseph
mi-Carême

Jeudi
19
Mars

Semaine 12

Il n'y a que deux façons de vivre sa vie : l'une en faisant comme si rien n'était un miracle et l'autre en faisant comme si tout était un miracle.

Albert Einstein (1879 – 1955)
Physicien allemand,
prix Nobel de physique en 1921

St Baudouin
St Luc

Samedi
17
Dimanche
18
Octobre

Semaine 42

Au milieu de l'hiver,
j'ai découvert en moi
un invincible été.

Albert Camus (1913 – 1960)
Écrivain, prix Nobel de littérature en 1957

St Martin
de Braga
Printemps

Vendredi

20

Mars

Semaine 12

Nous ne pardonnons qu'aux enfants et aux fous d'être francs avec nous.

Émil Cioran (1911 – 1995)
Philosophe et écrivain roumain

Ste Edwige

Vendredi

16

Octobre

Semaine 42

Mon Dieu, donnez-moi la sérénité d'accepter ce que je ne peux pas changer, le courage de changer ce que je peux et la sagesse d'en connaître la différence.

Marc Aurèle (121 – 180)
Empereur romain,
philosophe stoïcien

Ste Clémence
Ste Léa

Samedi
21
Dimanche
22
Mars

Semaine 12

J'VEUX QU'ON RIE
J'VEUX QU'ON DANSE
J'VEUX QU'ON S'AMUSE COMME DES FOUS.
J'VEUX QU'ON RIE
J'VEUX QU'ON DANSE
QUAND C'EST QU'ON ME METTRA
DANS LE TROU.

Jacques Brel (1929 – 1978)
Chanteur, auteur et compositeur belge

Ste Thérèse
d'Avila

Jeudi
15
Octobre

Semaine 42

FAITES EN SORTE D'OBTENIR CE QUE VOUS AIMEZ SINON VOUS SEREZ FORCÉ D'AIMER CE QUE VOUS OBTENEZ.

George Bernard Shaw (1856 – 1950)
Critique musical et auteur dramatique irlandais, prix Nobel de littérature en 1925

St Victorien

Lundi

23

Mars

Semaine 13

LES GENS HEUREUX N'ONT PAS BESOIN DE SE PRESSER.

Proverbe chinois

St Juste

Mercredi

14

Octobre

Semaine 42

Le jour où l'on ne brûle plus d'amour, d'autres meurent de froid.

François Mauriac (1885 – 1970)
Écrivain

Ste Catherine de Suède

Mardi

24

Mars

Semaine 13

La vie persiste dans la mort,
la vérité dans le mensonge,
la lumière dans l'obscurité.

Mohandas Karamchand Gandhi (1869 – 1948)
Homme politique indien

St Géraud

Mardi

13

Octobre

Semaine 42

C'EST EN ESSAYANT ENCORE ET ENCORE QUE LE SINGE APPREND À BONDIR.

Proverbe africain

St Humbert
Annonciation

Mercredi

25

Mars

Semaine 13

Ce n'est pas que j'ai peur de la mort, je veux juste ne pas être là quand ça arrivera.

Woody Allen (né en 1935)
Comédien, réalisateur et clarinettiste américain

St Wilfried

Lundi

12

Octobre

Semaine 42

On a souvent besoin d'un plus petit que soi.

Jean de La Fontaine
(1621 – 1695)
Essayiste

Ste Larissa

Jeudi
26
Mars

Semaine 13

Le bonheur est un rêve d'enfant que l'on réalise à l'âge adulte.

Sigmund Freud
(1856 – 1939)
Inventeur de la psychanalyse

St Ghislain
St Firmin

Samedi
10
Dimanche
11
Octobre

Semaine 41

LA PLUS BELLE CHOSE
QUE NOUS PUISSIONS ÉPROUVER,
C'EST LE MYSTÈRE DES CHOSES.

Albert Einstein (1879 – 1955)
Physicien allemand,
prix Nobel de physique en 1921

St Habib

Vendredi

27

Mars

Semaine 13

J'éprouve une profonde attirance pour la simplicité, je l'avoue ; je ne trouve aucun charme à un lit d'apparat ni à un vêtement qu'on sort de son coffre pour en faire étalage et qu'on écrase sous des poids et d'innombrables instruments de torture pour lui donner, par la contrainte, tout son lustre ; j'apprécie, au contraire, un vêtement d'intérieur ordinaire, que je puisse conserver et porter sans m'entourer de précautions particulières.

Sénèque
(4 av. J.-C. – 65)
Philosophe de l'école stoïcienne et homme d'État romain

St Denis

Vendredi

9

Octobre

Semaine 41

N'ayez pas peur du bonheur ; il n'existe pas.

Michel Houellebecq
(né en 1958)
Écrivain

St Gontran
Passage à l'heure d'été (+ 1h)

Samedi
28
Dimanche
29
Mars

Semaine 13

On peut conquérir des milliers et
des milliers d'hommes dans une bataille ;
mais celui qui se conquiert lui-même,
lui seul est le plus noble des conquérants.

Bouddha
(v. 535 – v. 480 av. J.-C.)
Fondateur du bouddhisme

Ste Pélagie

Jeudi

8

Octobre

Semaine 41

UN ARTISTE EST QUELQU'UN QUI A RÉUSSI À TRANSFORMER DES DÉFAUTS CARACTÉRIELS EN QUALITÉS PROFESSIONNELLES.

Philippe Bouvard (né en 1929)
Humoriste

St Amédée

Lundi

30

Mars

Semaine 14

GÉNÉRALEMENT, LES GENS QUI SAVENT PEU PARLENT BEAUCOUP ET LES GENS QUI SAVENT BEAUCOUP PARLENT PEU.

Jean-Jacques Rousseau
(1712 – 1778)
Écrivain et philosophe genevois

St Serge

Mercredi

7

Octobre

Semaine 41

Lorsque tu vins au monde, tout le monde était content et tu pleurais. Vis de telle sorte que lorsque tu mourras, tous pleureront et tu seras heureux.

Sagesse musulmane

St Benjamin

Mardi

31

Mars

Semaine 14

Si tu veux comprendre le mot bonheur,
il faut l'entendre comme une récompense
et non comme un but.

Antoine de Saint-Exupéry
(1900 – 1944)
Écrivain et aviateur

St Bruno

Mardi

6

Octobre

Semaine 41

Rire est le propre de l'homme.

François Rabelais (v. 1483 – 1553)
Médecin, moine et humaniste

St Hugues

Mercredi

1

Avril

Semaine 14

Pour gagner du temps dans la vie, il vaut mieux ralentir que se hâter.

Philosophie hindoue

Ste Fleur

Lundi

5

Octobre

Semaine 41

Le sens de la vie,
c'est justement
de s'amuser
avec la vie.

Milan Kundera (né en 1929)
Romancier franco-tchèque

Ste Sandrine

Jeudi

2

Avril

Semaine 14

Nous attribuons les diverses conditions
de notre vie tantôt à Dieu, tantôt au diable,
et chaque fois nous nous trompons,
car l'énigme est en nous qui sommes
engendrés par deux mondes contraires.

Johann Wolfgang von Goethe
(1749 – 1832)
Scientifique, poète, romancier
et dramaturge allemand

St Gérard
St François d'Assise

Samedi
3
Dimanche
4
Octobre

Semaine 40

Rêver et révéler, c'est à peu près le même mot.

Raymond Queneau (1903 – 1976)
Romancier, poète, dramaturge, mathématicien et co-fondateur du mouvement Oulipo

St Richard

Vendredi

3

Avril

Semaine 14

Je sais ce que
je vaux et crois
ce qu'on m'en dit.

Pierre Corneille
(1606 – 1684)
Auteur dramatique

St Léger

Vendredi

2

Octobre

Semaine 40

Le bonheur est le seul but que nous choisissions toujours pour lui-même et jamais pour une autre fin.

Aristote (384 – 322 av. J.-C.)
Philosophe grec

St Isidore
Rameaux

Samedi
4
Dimanche
5
Avril

Semaine 14

La misère a cela de bon qu'elle supprime la crainte des voleurs.

Alphonse Allais
(1854 – 1905)
Chroniqueur et humoriste

Ste Thérèse de l'Enfant Jésus

Jeudi
1
Octobre

Semaine 40

Pour ne pas devenir très malheureux, le moyen le plus certain est de ne pas demander à être très heureux.

Arthur Schopenhauer (1788 – 1860)
Philosophe allemand

St Marcellin

Lundi

6

Avril

Semaine 15

Les gens ne connaissent
pas leur bonheur…
mais celui des autres
ne leur échappe jamais.

Pierre Daninos (1913 – 2005)
Écrivain

St Jérôme

Mercredi

30

Septembre

Semaine 40

Le plus grand secret du bonheur, c'est d'être bien avec soi.

Fontenelle (1657 – 1757)
Philosophe

St Jean-Baptiste de la Salle

Mardi

7

Avril

Semaine 15

Celui qui se tait
le premier dans une dispute
est le plus digne de louanges.

Proverbe juif

Sts Michel,
Gabriel,
Raphaël

Mardi

29

Septembre

Semaine 40

Pour vivre sans jamais voir le médecin, souris trois fois chaque jour.

Proverbe chinois

Ste Julie

Mercredi

8

Avril

Semaine 15

IL FAUT AGIR EN HOMME DE PENSÉE ET PENSER EN HOMME D'ACTION.

Henri Bergson (1859 – 1941)
Philosophe et diplomate,
prix Nobel de littérature en 1927

St Venceslas

Lundi

28

Septembre

Semaine 40

Croire à une chose, c'est pouvoir ou devoir ajouter à l'idée de cette chose une force. (...) Arriver à s'étonner des habitudes ; à considérer la surprise comme probable.

Paul Valéry (1871 – 1945)
Poète et philosophe

St Gautier

Jeudi

9

Avril

Semaine 15

N'imitez rien ni personne.
Un lion qui copie un lion
devient un singe.

Victor Hugo (1802 – 1885)
Poète et écrivain

Sts Côme,
Damien
St Vincent
de Paul

Samedi
26
Dimanche
27
Septembre

L'immensité, le torrent du monde dans un petit pouce de matière !

Paul Cézanne (1839 – 1906)
Peintre français

St Fulbert
Vendredi saint

Vendredi

10

Avril

Semaine 15

Il faut affronter la réalité avec une pointe d'humour ; autrement on passe à côté.

Lawrence Durrel (1912 – 1990)
Écrivain britannique

St Stanislas
Pâques

Samedi
11
Dimanche
12
Avril

Semaine 15

Le centre
de toute bonté
et de toute joie
est l'amour.

Hermann Hesse (1877 – 1962)
Romancier et peintre
suisse d'origine allemande,
prix Nobel de littérature en 1946

St Hermann

Vendredi

25

Septembre

Semaine 39

Je pense que chaque être humain est aimé, soutenu, accompagné, espéré par Dieu-Amour. Il faut être convaincu qu'il ne veut que le bien des hommes, mais que ce bonheur dépend de nous.

Henri Grouès, dit l'Abbé Pierre
(1912 – 2007)
Prêtre catholique,
fondateur du mouvement Emmaüs

Ste Ida
Lundi de Pâques

Lundi

13

Avril

Semaine 16

SI UNE FORÊT SURGIT POUR VOUS EMPÊCHER D'AVANCER, ÉCARTEZ LES ARBRES, LES RONCES VOUS SUIVRONT.

Eugène Ionesco (1909 – 1994)
Auteur dramatique et écrivain français d'origine roumaine

Ste Thècle

Jeudi

24

Septembre

Semaine 39

LA PERFECTION, CE N'EST PAS DE FAIRE QUELQUE CHOSE DE GRAND ET DE BEAU, MAIS DE FAIRE CE QUE L'ON FAIT AVEC GRANDEUR ET BEAUTÉ.

Sagesse hindoue

St Maxime

Mardi

14

Avril

Semaine 16

C'est bien plus beau lorsque c'est inutile !

Jean Rostand (1894 – 1977)
Biologiste et philosophe,
fils d'Edmond Rostand

St Constant

Mercredi

23

Septembre

Semaine 39

On ne récolte jamais que les sentiments que l'on sème.

Charles Aznavour (né en 1924)
Chanteur, compositeur et acteur

St Paterne

Mercredi

15

Avril

Semaine 16

Ne cherche pas le sens du destin.
Désire que les choses arrivent
comme elles arrivent
et tu connaîtras le bonheur.

Épictète (50 – 130)
Philosophe grec,
fondateur du stoïcisme

St Maurice
Automne

Mardi
22
Septembre

Semaine 39

Il faut rire avant que d'être heureux, de peur de mourir sans avoir ri.

Jean de la Bruyère
(1645 – 1696)
Auteur

St Benoît-Joseph

Jeudi

16

Avril

Semaine 16

Attachons-nous à reconnaître
le caractère si précieux
de chaque journée.

Dalaï-Lama

St Matthieu

Lundi

21

Septembre

Semaine 39

À raconter ses maux, souvent on les soulage.

Pierre Corneille (1606 – 1684)
Auteur dramatique

St Anicet

Vendredi

17

Avril

Semaine 16

L'HOMME QUI LANCE
DANS L'AVENIR UNE FLÈCHE
L'ENTRAÎNE COMME UN FILIN.

Paul Valéry (1871 – 1945)
Poète et philosophe

Ste Emilie
Nouvel An juif
St Davy

Samedi
19
Dimanche
20
Septembre

Semaine 38

Quand on n'a pas ce que l'on aime, il faut aimer ce que l'on a.

Marie de Rabutin-Chantal,
marquise de Sévigné
(1626 – 1696)
Chroniqueuse et mondaine

St Parfait
Ste Emma

Samedi
18
Dimanche
19
Avril

Semaine 16

Connais-toi toi-même.

Socrate (469 – 399 av. J.-C.)
Philosophe athénien

Ste Nadège

Vendredi

18

Septembre

Semaine 38

L'échec est l'épice qui donne sa saveur au succès.

Truman Capote
(1924 – 1984)
Reporter, écrivain et
homme de théâtre américain

Ste Odette

Lundi

20

Avril

Semaine 17

Ce qui ne te tue pas
te rend plus fort.

Friedrich Nietzsche (1844 – 1900)
Philosophe allemand

St Renaud

Jeudi

17

Septembre

Semaine 38

Le bonheur :
faire ce que l'on veut
et vouloir ce que l'on fait.

Françoise Giroud
(1916 – 2003)
Journaliste, écrivain
et femme politique

St Anselme

Mardi

21

Avril

Semaine 17

Les folies sont
les seules choses
que l'on ne regrette jamais.

Oscar Wilde (1854 – 1900)
Écrivain irlandais

Ste Edith

Mercredi

16

Septembre

Semaine 38

LA BEAUTÉ DES CHOSES EXISTE DANS L'ESPRIT DE CELUI QUI LES CONTEMPLE.

David Hume
(1711 – 1776)
Philosophe britannique

St Alexandre

Mercredi

22

Avril

Semaine 17

Tout homme est capable de faire
du bien à un homme ; mais c'est
ressembler aux dieux que
de contribuer au bonheur
d'une société entière.

Charles-Louis de Montesquieu
(1689 – 1755)
Moraliste et philosophe

St Roland

Mardi

15

Septembre

Semaine 38

On doit toujours oublier que l'on donne, mais toujours se souvenir quand on reçoit.

Proverbe hébreu

St Georges

Jeudi

23

Avril

Semaine 17

N'ouvre la bouche que si tu es sûr que ta parole vaut mieux que le silence.

Proverbe arabe

St Lubin

Lundi

14

Septembre

Semaine 38

LA GRANDEUR DE L'HOMME EST GRANDE EN CE QU'IL SE CONNAÎT MISÉRABLE.

Blaise Pascal (1623 – 1662)
Philosophe

St Fidèle

Vendredi

24

Avril

Semaine 17

Les arbres qui luttent
contre la tempête se brisent,
alors que les plantes
qui ploient sous le vent
survivent aux ouragans.

Épicure (341 – 270 av. J.-C.)
Philosophe athénien

St Apollinaire
St Aimé

Samedi
12
Dimanche
13
Septembre

Semaine 37

L'une des gratifications les plus extraordinaires du sport, c'est de pouvoir réinventer ce qu'il est humainement possible d'accomplir.

Lance Armstrong (né en 1971)
Champion cycliste américain

St Marc
Souvenir Déportés

Samedi
25
Dimanche
26
Avril

Semaine 17

L'IMPORTANT N'EST PAS CE QU'ON A FAIT DE MOI MAIS CE QUE JE FAIS MOI-MÊME AVEC CE QU'ON A FAIT DE MOI.

Jean-Paul Sartre (1905 – 1980)
Philosophe, dramaturge et écrivain

St Adelphe

Vendredi

11

Septembre

Semaine 37

VIS COMME SI TU DEVAIS MOURIR DEMAIN, MAIS APPRENDS COMME SI TU DEVAIS VIVRE POUR TOUJOURS.

Bouddha
(v. 535 – v. 480 av. J.-C.)
Fondateur du bouddhisme

Ste Zita

Lundi

27

Avril

Semaine 18

Deux choses remplissent l'âme
d'une admiration et d'une vénération
toujours nouvelle et toujours croissante,
à mesure que la réflexion s'y applique
avec plus de fréquence et de constance :
le ciel étoilé au-dessus de moi
et la loi morale en moi…

Je les rattache immédiatement
à la conscience de mon existence.

Emmanuel Kant (1724 – 1804)
Philosophe allemand

Ste Inès

Jeudi

10

Septembre

Semaine 37

À cœur vaillant rien d'impossible.

Proverbe français

Ste Valérie

Mardi

28

Avril

Semaine 18

Il est temps de vivre la vie que tu t'es imaginée.

Henry James (1843 – 1916)
Écrivain américain

St Alain

Mercredi

9

Septembre

Semaine 37

Ne mets pas ta confiance dans ta réputation ni dans les richesses, ni dans les hautes fonctions mais dans ta faculté à distinguer ce qui dépend de nous et ce qui ne dépend pas de nous.

Épictète (50 – 130)
Philosophe grec, fondateur du stoïcisme

Ste Catherine de Sienne

Mercredi

29

Avril

Semaine 18

Le vainqueur engendre
la haine.
Le vaincu gît, étendu
dans la détresse.
L'homme paisible,
lui, se repose bien,
abandonnant à la fois
la victoire et la défaite.

Bouddha
(v. 535 – v. 480 av. J.-C.)
Fondateur du bouddhisme

St Adrien

Mardi

8

Septembre

Semaine 37

MON VERRE N'EST PAS GRAND, MAIS JE BOIS DANS MON VERRE.

Alfred de Musset (1810 – 1857)
Poète et homme de théâtre

St Robert

Jeudi

30

Avril

Semaine 18

Accomplissez toutes vos actions
sans une raison.
La vie se vit pour elle-même
et pour aucune autre raison.
L'amour n'a pas de pourquoi.

Eckhart von Hochheim,
dit Maître Eckhart (1260 – 1327)
Prêtre dominicain,
premier des mystiques rhénans

Ste Reine

Lundi

7

Septembre

Semaine 37

Nous ne vivons que pour
découvrir la beauté.
Tout le reste n'est qu'attente.

Kahlil Gibran (1883 – 1931)
Poète et écrivain américain
d'origine libanaise

Ste Patience
Fête du Travail

Vendredi

1

Mai

Semaine 18

TU N'APPRENDRAS
RIEN DE TES VICTOIRES,
MAIS TOUT DE TES DÉFAITES.

Proverbe japonais

Ste Raïssa
St Bertrand

Samedi
5
Dimanche
6
Septembre

Semaine 36

BIEN ÉCOUTER,
C'EST PRESQUE RÉPONDRE.

Pierre Carlet de Chamblain de Marivaux
(1688 – 1763)
Journaliste et homme de théâtre

Ste Judith

Mardi

5

Mai

Semaine 19

DE BONNES PAROLES PEUVENT ÊTRE BRÈVES ET FACILES À DIRE MAIS LEUR ÉCHO EST VÉRITABLEMENT ÉTERNEL.

Mère Teresa (1910 – 1997)
Religieuse catholique albano-indienne

Ste Ingrid

Mercredi

2

Septembre

Semaine 36

Le paradis de la terre se trouve
entre les seins d'une femme,
sur le dos d'un cheval, dans
les pages d'un livre.

Sagesse arabe

Ste Prudence

Mercredi

6

Mai

Semaine 19

L'homme raisonnable s'adapte au monde, l'homme déraisonnable persiste à vouloir adapter le monde à lui-même.

C'est pourquoi le progrès ne peut venir que de ce dernier.

Samuel Langhorne Clemens,
dit Mark Twain (1835 – 1910)
Écrivain, essayiste
et humoriste américain

St Gilles

Mardi

1

Septembre

Semaine 36

Deviens ce que tu es.

Pindare (518 – 438 av. J.-C.)
Poète lyrique grec

Ste Gisèle

Jeudi

7

Mai

Semaine 19

LE BONHEUR EST
UNE PETITE CHOSE
QU'ON GRIGNOTE,
ASSIS PAR TERRE,
AU SOLEIL.

Jean Giraudoux
(1882 – 1944)
Écrivain
et homme de théâtre

St Aristide

Lundi

31

Août

Semaine 36

L'HOMME DE BIEN NE DEMANDE RIEN QU'À LUI-MÊME, L'HOMME DE PEU DEMANDE TOUT AUX AUTRES.

Confucius (551 – 479 av. J.-C.)
Personnage historique ayant le plus marqué
la civilisation chinoise,
créateur du confucianisme

St Désiré
Victoire 1945

Vendredi

8

Mai

Semaine 19

Qui a une femme
a toutes les femmes ;
qui a toutes les femmes
n'a pas de femme.

Proverbe espagnol

Ste Sabine
St Fiacre

Samedi
29
Dimanche
30
Août

Semaine 35

La foi et l'espérance sont des vertus dont le doute est l'essentiel.

Marcel Aymé
(1902 – 1967)
Écrivain

St Pacôme
Ste Solange

Samedi
9
Dimanche
10
Mai

Semaine 19

LES AUTRES CHERCHENT À PEINDRE LES HOMMES TELS QU'ILS APPARAISSENT VUS DU DEHORS ; JE VEUX AVOIR L'AUDACE DE LES PEINDRE TELS QU'ILS SONT, AU-DEDANS.

Jérôme Bosch
(1453 – 1516)
Peintre flamand

St Augustin

Vendredi

28

Août

Semaine 35

Ce qui te manque, cherche-le dans ce que tu as.

Précepte zen

Ste Estelle

Lundi

11

Mai

Semaine 20

Il est une lumière, une voix,
un parfum, une nourriture,
une étreinte que j'aime quand
j'aime mon Dieu, c'est la lumière,
la voix, le parfum, l'étreinte
de l'homme intérieur,
que je porte en moi.

Saint Augustin (354 – 430)
Philosophe et théologien chrétien

Ste Monique

Jeudi

27

Août

Semaine 35

En vérité, le chemin importe peu,
la volonté d'arriver suffit à tout.

Albert Camus
(1913 – 1960)
Écrivain, prix Nobel
de littérature en 1957

St Achille

Mardi

12

Mai

Semaine 20

Notre but dans la vie
n'est pas de remporter
le maximum de victoires,
mais de perdre avec
le meilleur esprit possible.

Robert Louis Stevenson
(1850 – 1894)
Écrivain et
voyageur écossais

Ste Natacha

Mercredi

26

Août

Semaine 35

Le plaisir est toujours un bien, et la douleur toujours un mal ; mais il n'est pas toujours avantageux de jouir du plaisir, et il est quelquefois avantageux de souffrir la douleur.

Nicolas Malebranche (1638 – 1715)
Philosophe et théologien cartésien

Stes Rolande, Jeanne d'Arc

Mercredi

13

Mai

Semaine 20

La société ne vit point d'idées négatives, mais d'idées positives.

Louis de Rouvroy,
duc de Saint-Simon
(1675 – 1755)
Écrivain

St Louis

Mardi

25

Août

Semaine 35

Un bienfait accordé avec bienveillance engendre l'amour.

Lao Tseu
(v. 570 – 490 av. J.-C.)
Philosophe chinois, fondateur du taoïsme

St Matthias

Jeudi

14

Mai

Semaine 20

Il n'est de trésor
que de vivre à son aise.

François Villon (v. 1432 – 1463)
Poète

St Barthélemy

Lundi

24

Août

Semaine 35

Toutes choses proches ou lointaines d'une manière cachée sont liées les unes aux autres par une puissance immortelle, en sorte que vous ne pouvez cueillir une fleur sans déranger une étoile.

Sagesse holistique

Ste Denise

Vendredi

15

Mai

Semaine 20

C'EST LE FAUX QUI COLORE
ET QUI FAIT VIVRE LE VRAI.
CE SONT LES ENFANTS QUI
CONTENT AUX HOMMES
LES CHOSES QUI ENCHANTENT.

Paul Valéry
(1871 – 1945)
Poète et philosophe

St Fabrice
Ste Rose
de Lima

Samedi
22
Dimanche
23
Août

Semaine 34

JE REGARDE LA SAGESSE AVEC LA MÊME STUPÉFACTION QUE LORSQUE JE PRENDS L'HABITUDE DE REGARDER LE MONDE COMME SI JE LE VOYAIS POUR LA PREMIÈRE FOIS.

Sénèque
(4 av. J.-C. – 65)
Philosophe de l'école stoïcienne
et homme d'État romain

St Honoré
St Pascal

Samedi
16
Dimanche
17
Mai

Semaine 20

Je est un autre.

Arthur Rimbaud
(1854 – 1891)
Poète

St Christophe

Vendredi

21

Août

Semaine 34

Celui qui a un ami véritable n'a pas besoin de miroir.

Proverbe hindou

St Eric

Lundi

18

Mai

Semaine 21

La précipitation vient du Diable, Dieu travaille lentement.

Proverbe persan

St Bernard

Jeudi

20

Août

Semaine 34

Il faut cultiver notre jardin.

François-Marie Arouet, dit Voltaire
(1694 – 1778)
Philosophe et polémiste

St Yves

Mardi

19

Mai

Semaine 21

L'important, ce n'est pas
le lieu où l'on se trouve,
c'est l'état d'esprit
dans lequel on est.

Anna Gavalda
(née en 1970)
Femme de lettres

St Jean-Eudes

Mercredi

19

Août

Semaine 34

Qu'est-ce que la vie ?

C'est l'éclat d'une luciole dans la nuit.
C'est le souffle d'un bison en hiver.
C'est la petite ombre qui court dans l'herbe
et se perd au coucher du soleil.

Crowfoot (1821 – 1890)
Chef de la tribu indienne Blackfeet

St Bernardin

Mercredi

20

Mai

Semaine 21

L'estime de soi-même est le plus grand mobile des âmes fières.

Jean-Jacques Rousseau
(1712 – 1778)
Écrivain
et philosophe genevois

Ste Hélène

Mardi

18

Août

Semaine 34

LA PRÉDICTION DE VOS PROPRES ÉCHECS PEUT FAIRE DE VOUS UN GRAND PROPHÈTE.

Sagesse orientale

St Constantin
Ascension

Jeudi
21
Mai

Semaine 21

Je vais vous dire
un grand secret,
mon cher : n'attendez
pas le Jugement dernier.
Il a lieu tous les jours.

Albert Camus
(1913 – 1960)
Écrivain, prix Nobel
de littérature en 1957

St Hyacinthe

Lundi

17

Août

Semaine 34

IL FAUDRAIT CONVAINCRE LES HOMMES DU BONHEUR QU'ILS IGNORENT, ALORS MÊME QU'ILS EN JOUISSENT.

Charles-Louis de Montesquieu
(1689 – 1755)
Moraliste et philosophe

St Emile

Vendredi

22

Mai

Semaine 21

Heureux ceux qui
sont morts dans une juste guerre.
Heureux les épis mûrs
et les blés moissonnés.

Charles Péguy
(1873 – 1914)
Poète et essayiste français

Assomption
St Armel

Samedi
15
Dimanche
16
Août

Semaine 33

Ceux qui redoutent la blague n'ont pas grande confiance dans leur force. Ce sont des Hercules qui craignent les chatouilles.

Paul Valéry (1871 – 1945)
Poète et philosophe

St Didier
St Donatien

Samedi
23
Dimanche
24
Mai

Semaine 21

Si tu prends
le monde
comme il vient,
il te prendra
doucement.

Proverbe irlandais

St Evrard

Vendredi

14

Août

Semaine 33

QUI VEUT FAIRE QUELQUE CHOSE
TROUVE UN MOYEN,
QUI NE VEUT RIEN FAIRE
TROUVE UNE EXCUSE.

Proverbe arabe

Ste Sophie

Lundi

25

Mai

Semaine 22

L'idéal n'est pas cette chose vague, ce rêve ennuyeux et impalpable qui nage au plafond des académies ; un idéal, c'est l'individu redressé par l'individu, reconstruit et rendu par le pinceau ou le ciseau à l'éclatante vérité de son harmonie native.

Charles Baudelaire
(1821 – 1867)
Poète et essayiste

St Hippolyte

Jeudi

13

Août

Semaine 33

Les hasards de notre vie nous ressemblent.

Elsa Triolet
(1896 – 1970)
Écrivaine et résistante

St Bérenger

Mardi

26

Mai

Semaine 22

Exerce-toi parfois à vivre
comme un malade, pour vivre
un jour comme un bien portant.
Jeûne, bois de l'eau ; abstiens-toi
une fois entièrement de tout désir,
pour avoir un jour des désirs
conformes à la raison.

Épictète (50 – 130)
Philosophe grec,
fondateur du stoïcisme

Ste Clarisse

Mercredi

12

Août

Semaine 33

LES GENS DE QUALITÉ SAVENT TOUT SANS JAMAIS AVOIR RIEN APPRIS.

Jean-Baptiste Poquelin, dit Molière
(1622 – 1673)
Auteur dramatique

St Augustin

Mercredi

27

Mai

Semaine 22

NE REMETS PAS À DEMAIN
CE QUE TU PEUX FAIRE
APRÈS-DEMAIN.

Alphonse Allais (1854 – 1905)
Chroniqueur et humoriste

Ste Claire

Mardi

11

Août

Semaine 33

Dieu existe, je l'ai rencontré.

André Frossard (1915 – 1995)
Journaliste et essayiste

St Germain

Jeudi

28

Mai

Semaine 22

Aide-toi,
le Ciel t'aidera.

Jean de La Fontaine
(1621 – 1695)
Essayiste

St Laurent

Lundi

10

Août

Semaine 33

SI LE FEU PREND DANS
LA BARBE DE TON COMPAGNON,
ARROSE LA TIENNE.

Proverbe guadeloupéen

St Aymar

Vendredi

29

Mai

Semaine 22

Fay ce que vouldras.

François Rabelais
(v. 1483 – 1553)
Médecin, moine et humaniste

St Dominique
St Amour

Samedi
8
Dimanche
9
Août

Semaine 32

Sur la santé revenue
Sur le risque disparu
Sur l'espoir sans souvenir
J'écris ton nom

Et par le pouvoir d'un mot
Je recommence ma vie
Je suis né pour te connaître
Pour te nommer

Liberté

Paul Éluard (1895 – 1952)
Poète

St Ferdinand
Pentecôte

Samedi
30
Dimanche
31
Mai

Semaine 22

Les rides devraient être tout simplement la trace des sourires.

Samuel Langhorne Clemens, dit Mark Twain (1835 – 1910)
Écrivain, essayiste et humoriste américain

St Gaëtan

Vendredi

7

Août

Semaine 32

LES RÉSULTATS NE SURVIENNENT QUE POUR LES CHOSES AUXQUELLES ON CROIT RÉELLEMENT.

Frank Lloyd Wright
(1867 – 1959)
Architecte américain

St Justin
Lundi de Pentecôte

Lundi

1

Juin

Semaine 23

On ne peut voir la lumière
sans l'ombre ; on ne peut percevoir
le silence sans le bruit ; on ne peut
atteindre la sagesse sans la folie.

Carl Gustav Jung (1875 – 1961)
Psychosociologue, inventeur de la psychologie analytique

St Octavien

Jeudi

6

Août

Semaine 32

Le bonheur n'est pas quelque chose
que l'on poursuit, mais quelque chose
que l'on a. Hors de cette possession,
il n'est qu'un mot.

Émile-Auguste Chartier,
dit Alain (1868 – 1951)
Philosophe, journaliste
et professeur de français

Ste Blandine

Mardi

2

Juin

Semaine 23

LA VIOLENCE DU VENT
N'ENLÈVE PAS LES TÂCHES
DU LÉOPARD.

Proverbe africain

St Abel

Mercredi

5

Août

Semaine 32

La seule façon d'être heureux, c'est d'aimer souffrir.

Woody Allen
(né en 1935)
Comédien, réalisateur
et clarinettiste américain

St Kevin

Mercredi

3

Juin

Semaine 23

Admirez ce qui est grand. Car c'est toujours beau.

Napoléon Ier (1769 – 1821)
Empereur des Français

St Jean-Marie Vianney

Mardi

4

Août

Semaine 32

L'argent aide à supporter la pauvreté.

Alphonse Allais (1854 – 1905)
Chroniqueur et humoriste

Ste Clotilde

Jeudi

4

Juin

Semaine 23

Commencez par apprendre
les règles du jeu.
Ensuite, débrouillez-vous
pour jouer mieux
que quiconque.

Albert Einstein (1879 – 1955)
Physicien allemand,
prix Nobel de physique en 1921

Ste Lydie

Lundi

3

Août

Semaine 32

La vie passe comme
une caravane sur le vent.
Arrête ta monture
pour rechercher le bonheur.

Sagesse persane

St Igor

Vendredi

5

Juin

Semaine 23

QUAND ON VEUT
COMMANDER AUX AUTRES,
IL FAUT D'ABORD
SE COMMANDER À SOI-MÊME.

Gaston Doumergue (1863 – 1937)
Président de la République française

Fête nationale en Suisse
St Julien

Samedi
1
Dimanche
2
Août

Semaine 31

COMMENT RENVERSE-T-ON
UNE CITADELLE ?
NON PAR LE FER NI PAR LE FEU,
MAIS PAR DES PENSÉES.

Épictète (50 – 130)
Philosophe grec, fondateur du stoïcisme

St Norbert
Fête des Mères

Samedi
6
Dimanche
7
Juin

Semaine 23

Le « secret » d'une bonne vie, c'est de se moquer du bonheur.

Pascal Bruckner (né en 1948)
Écrivain et essayiste

St Ignace de Loyola

Vendredi

31

Juillet

Semaine 31

Le véritable talent, c'est
de réagir de la même façon
devant la victoire et la défaite.

Chris Evert-Lloyd (né en 1954)
Championne du monde de tennis américaine

St Médard

Lundi

8

Juin

Semaine 24

Chaque jour et en tout point, je vais de mieux en mieux.

Émile Coué (1857 – 1926)
Psychologue et pharmacien inventeur de l'autosuggestion

Ste Juliette

Jeudi

30

Juillet

Semaine 31

NE PERDEZ PAS DE TEMPS
À JUGER LES GENS,
VOUS N'EN AUREZ PLUS
POUR LES AIMER.

Mère Teresa (1910 – 1997)
Religieuse catholique
albano-indienne

Ste Diane

Mardi

9

Juin

Semaine 24

Vois ta vie comme un jardin.
Le jardinier ne maudit pas les autres pour ses mauvaises herbes.

Hervé Desbois (né en 1954)
Acteur et auteur américain

Ste Marthe

Mercredi

29

Juillet

Semaine 31

La personne la plus hésitante à faire une promesse est celle qui la respectera avec le plus de foi.

Jean-Jacques Rousseau (1712 – 1778)
Écrivain et philosophe genevois

St Landry

Mercredi

10

Juin

Semaine 24

Si toutes les filles du monde voulaient s'donner la main, tout autour du monde, elles pourraient faire une ronde. Si tous les gars du monde voulaient bien êtr' marins ils f'raient avec leurs barques un joli pont sur l'onde. Alors on pourrait faire une ronde autour du monde, si tous les gens du monde voulaient s'donner la main.

Paul Fort (1872 – 1960)
Poète

St Samson

Mardi

28

Juillet

Semaine 31

Le véritable courage consiste à être courageux quand on ne l'est pas.

Jules Renard (1864 – 1910)
Écrivain et académicien

St Barnabé

Jeudi

11

Juin

Semaine 24

On est si bien,
tout nu, dans
une large chaise.

Alfred de Musset (1810 – 1857)
Poète et homme de théâtre

Ste Nathalie

Lundi

27

Juillet

Semaine 31

Où il n'y a pas d'humour, il n'y a pas de liberté.

Eugène Ionesco (1909 – 1994)
Auteur dramatique et écrivain français d'origine roumaine

St Guy

Vendredi

12

Juin

Semaine 24

Que cherche-t-on dans la vertu ? Elle-même. Elle ne procure rien qui vaille mieux qu'elle, étant elle-même sa propre récompense.

Sénèque (4 av. J.-C. – 65)
Philosophe de l'école stoïcienne
et homme d'État romain

St Jacques le Majeur
Sts Anne, Joachim

Samedi
25
Dimanche
26
Juillet

LA BONTÉ EN PAROLE APPORTE
LA CONFIANCE ;
LA BONTÉ EN PENSÉE APPORTE
LA PROFONDEUR ;
LA BONTÉ EN DONNANT PROCURE
L'AMOUR.

Philosophie taoïste

St Antoine
de Padoue
St Elisée

Samedi
13
Dimanche
14
Juin

Semaine 24

Le sens de la vie,
c'est de s'amuser avec la vie.

Milan Kundera (né en 1929)
Romancier franco-tchèque

Ste Christine

Vendredi

24

Juillet

Semaine 30

Aimez ce que jamais vous ne verrez deux fois.

Alfred de Vigny
(1797 – 1863)
Poète

Ste Germaine

Lundi

15

Juin

Semaine 25

La vie se délecte de la vie.

William Blake (1757 – 1827)
Peintre et poète romantique britannique

Ste Brigitte

Jeudi

23

Juillet

Semaine 30

Ce qui m'intéresse, ce n'est pas le bonheur de tous les hommes, c'est le bonheur de chacun d'eux.

Boris Vian (1920 – 1959)
Ingénieur, écrivain, poète
et musicien de jazz

St Jean-François Régis

Mardi

16

Juin

Semaine 25

L'OPTIMISTE REGARDE LA ROSE
ET NE VOIT PAS LES ÉPINES ;
LE PESSIMISTE REGARDE LES ÉPINES
ET NE VOIT PAS LA ROSE.

Proverbe arabe

Ste Marie-Madeleine

Mercredi

22

Juillet

Semaine 30

TOUT CE QUI PEUT ÊTRE FAIT UN AUTRE JOUR LE PEUT ÊTRE AUJOURD'HUI.

Michel Eyquem de Montaigne (1533 – 1592)
Juriste et philosophe

St Hervé

Mercredi

17

Juin

Semaine 25

Avec le rond d'un simple « oui », nous achetons la vie éternelle.

Paul Claudel (1868 – 1955)
Diplomate, poète, dramaturge et essayiste

St Victor
Fête nationale en Belgique

Mardi
21
Juillet

Semaine 30

Il faut manger pour vivre et non pas vivre pour manger.

Jean-Baptiste Poquelin, dit Molière
(1622 – 1673)
Auteur dramatique

St Léonce

Jeudi

18

Juin

Semaine 25

Le bonheur n'existe pas. Par conséquent, il ne nous reste qu'à essayer d'être heureux sans.

Joe Lewis (1902 – 1971)
Humoriste américain

Ste Marina

Lundi

20

Juillet

Semaine 30

ÇA DOIT ÊTRE ÇA, APRÈS TOUT, LE BONHEUR : LA SATISFACTION DE NE PAS ÊTRE L'AUTRE.

Daniel Pennac (né en 1944)
Écrivain

St Romuald

Vendredi

19

Juin

Semaine 25

Le sentiment de l'existence dépouillé de toute autre affection est par lui-même un sentiment précieux de contentement et de paix, qui suffirait seul pour rendre cette existence chère et douce.

Jean-Jacques Rousseau (1712 – 1778)
Écrivain et philosophe genevois

St Frédéric
St Arsène

Samedi
18
Dimanche
19
Juillet

Semaine 29

Nous devons accepter notre existence, aussi complètement qu'il est possible. Tout, même l'inconcevable, doit y devenir possible. Au fond, le seul courage qui nous est demandé, c'est de faire face à l'étrange, au merveilleux, à l'inexplicable…

Rainer Maria Rilke (1875 – 1926)
Poète autrichien

St Sylvère
Fête des Pères
Été

Samedi
20
Dimanche
21
Juin

Semaine 25

Le mieux est le mortel ennemi du bien.

Charles-Louis de Montesquieu (1689 – 1755)
Moraliste et philosophe

Ste Charlotte

Vendredi

17

Juillet

Semaine 29

LA VIE, MÊME VAINCUE PROVISOIREMENT DEMEURE TOUJOURS PLUS FORTE QUE LA MORT !

Martin Luther King (1929 – 1968)
Pasteur noir américain,
prix Nobel de la paix en 1964

St Alban

Lundi

22

Juin

Semaine 26

La mort ?
Tant qu'elle n'est pas là, tu es là !
Quand elle sera là,
tu n'y seras plus !

Eugène Ionesco (1909 – 1994)
Auteur dramatique et écrivain français
d'origine roumaine

N.-D. du
Mont Carmel

Jeudi
16
Juillet

Semaine 29

Le sublime, c'est que dans la vie, on ne donne pas à ceux que l'on aime, mais c'est ceux à qui on a donné que l'on aime. C'est à force de donner que l'on commence à aimer vraiment.

Sagesse juive

Ste Audrey
Fête nationale au Luxembourg

Mardi

23

Juin

Semaine 26

*Quand on est jeune,
on a des matins
triomphants.*

Victor Hugo (1802 – 1885)
Écrivain et poète

St Donald

Mercredi

15

Juillet

Semaine 29

Il faut aimer son destin.

Friedrich Nietzsche (1844 – 1900)
Philosophe allemand

St Jean-Baptiste

Mercredi

24

Juin

Semaine 26

Bois du vin… C'est lui la vie éternelle,
C'est le trésor qui t'est resté des jours de ta jeunesse : la saison des roses et du vin, et des compagnons ivres ! Sois heureux un instant, cet instant, c'est ta vie.

Omar Kayyâm (v. 1050 – v. 1120)
Poète et mathématicien perse

St Camille
Fête nationale française

Mardi
14
Juillet

Semaine 29

L'espérance est le songe d'un homme éveillé.

Aristote (384 – 322 av. J.-C.)
Philosophe grec

St Prosper

Jeudi
25
Juin

Semaine 26

PERSONNE N'A VÉCU DANS LE PASSÉ,
PERSONNE NE VIVRA DANS LE FUTUR ;
LE PRÉSENT EST LE MODE DE TOUTE VIE.

Arthur Schopenhauer (1788 – 1860)
Philosophe allemand

Sts Henri, Joël

Lundi

13

Juillet

Semaine 29

Le secret de ma jeunesse ? Je pisse dehors !

Pablo Ruiz Picasso
(1881 – 1972)
Peintre

St Anthelme

Vendredi

26

Juin

Semaine 26

Il faut boire pour la soif à venir.

François Rabelais (v. 1483 – 1553)
Médecin, moine et humaniste

St Benoît-Joseph
St Olivier

Samedi
11
Dimanche
12
Juillet

Semaine 28

Dans le doute, dites la vérité.

Samuel Langhorne Clemens, dit Mark Twain (1835 – 1910)
Écrivain, essayiste et humoriste américain

St Fernand
St Irénée

Samedi
27
Dimanche
28
Juin

Semaine 26

Celui qui a une maison n'en a qu'une, celui qui n'en a aucune en a mille.

Proverbe hindou

St Ulrich

Vendredi

10

Juillet

Semaine 28

Le bonheur est quelque chose qui se multiplie quand il se divise.

Paulo Coelho (né en 1947)
Romancier et interprète brésilien

Sts Pierre, Paul

Lundi

29

Juin

Semaine 27

La vraie moisson de ma vie quotidienne est en un sens aussi impalpable et indescriptible que les teintes du matin et du soir. C'est un peu de poussière d'étoile qui a été saisie, un segment de l'arc-en-ciel que j'ai pu accrocher au passage.

Henry David Thoreau (1817 – 1862)
Essayiste, philosophe, mémorialiste et poète américain

Ste Amandine

Jeudi

9

Juillet

Semaine 28

Aujourd'hui plus qu'hier
Et bien moins que demain.

Edmond About (1828 – 1885)
Écrivain, journaliste et critique d'art français

St Martial

Mardi

30

Juin

Semaine 27

Le bonheur, c'est de le chercher.

Jules Renard (1864 – 1910)
Écrivain et académicien

St Thibault

Mercredi

8

Juillet

Semaine 28

Tout devient plaisir dès qu'on a pour but d'être seulement bien ensemble, parce qu'alors on dirait qu'on est enfin libre. On oublie sa vie, c'est-à-dire les choses du pognon.

Louis-Ferdinand Céline
(1894 – 1961)
Écrivain

St Thierry

Mercredi

1

Juillet

Semaine 27

Mon Amour, notre souffrance serait intolérable si nous ne pouvions la considérer comme une maladie passagère et sentimentale. Nos retrouvailles embelliront notre vie pour au moins trente ans. De mon côté, je prends une bonne gorgée de jeunesse, je reviendrai rempli d'amour et de forces !
(extrait de la lettre à Youki rédigée en camp de concentration en 1944)

Robert Desnos
(1900 – 1945)
Poète

St Raoul

Mardi

7

Juillet

Semaine 28

Savoir endurer un moment de colère, c'est s'épargner un siècle de regrets.

Proverbe chinois

St Martinien

Jeudi

2

Juillet

Semaine 27

Nous sommes aussi heureux que nous décidons de l'être.

Abraham Lincoln (1809 – 1865)
Seizième président des États-Unis

Ste Mariette

Lundi

6

Juillet

Semaine 28

Le superflu, chose très nécessaire.

François-Marie Arouet, dit Voltaire
(1694 – 1778)
Philosophe et polémiste

St Thomas

Vendredi

3

Juillet

Semaine 27

POUR EXÉCUTER DE GRANDES CHOSES, IL FAUT VIVRE COMME SI ON NE DEVAIT JAMAIS MOURIR.

Luc de Clapiers, marquis de Vauvenargues
(1715 – 1747)
Diplomate et philosophe

Independance day (USA)
St Antoine

Samedi
4
Dimanche
5
Juillet

Semaine 27